Francis Planté

Francis Planté

Portrait musical a la plume

Oscar Comettant

Translated by Craig Dabelstein

Originally published 1874.
This edition copyright © 2024 by Craig Dabelstein
ISBN : 978-1-936512-93-5
Published by Maxime's Music.
MAXIMESMUSIC.COM

Première partie

Français

Introduction

Dernièrement un homme d'esprit, littérateur distingué et savant musicien (j'en connais plusieurs qui jouissent de ce triple avantage) ayant à écrire à Francis Planté, commença son épître par ces mots :
« Mon cher poëte … »
L'expression, quoique très-flatteuse, n'était que juste.
Appeler Planté : « Mon cher pianiste, » c'eût été presque une impertinence.
Qui donc n'est pas pianiste ?
Je suis — tu es — il est pianiste.
Nous sommes — vous êtes — ils sont pianistes.
Poëte, c'est différent !
Qu'on écrive des vers ou de la prose, qu'on peigne à l'huile ou à l'aquarelle, qu'on joue d'un instrument ou qu'on pétrisse de la terre glaise, pour être poëte il faut, comme Pygmalion, donner une âme à la matière et savoir lire dans les cieux.
Ils sont rares ces esprits délicats, ces cœurs enthousiastes, ces apôtres du beau, que les bruits de la terre affligent sans les corrompre, et qui poursuivent leur apostolat avec la sérénité du juste et la foi dans le sublime.
Leur vie est un roman en deux chapitres :
Ils aiment et ils souffrent.
Ou plutôt, ce roman n'a qu'un seul et même chapitre, car la souffrance chez eux se confond avec l'amour, et ils aiment à souffrir autant qu'ils souffrent à aimer.
Qu'importent d'ailleurs les motifs qui font tressaillir leur âme !
Les poëtes chantent tout dans un commum sacrifice à la muse, et le martyre a des joies infinies que goûtent déjà, dans ce bas monde, les élus du monde idéal.
Chopin était poëte, Liszt est poëte, Planté est poëte.

Est-ce à dire qu'il n y ait jamais eu et qu'il n'y a pas d'autres poètes du clavier que ceux-là ? Telle n'est pas notre pensée ; trois noms nous sont venus à l'esprit, nous les avons cités, voila tout.

Je ne veux pas être exclusif parce que je veux être juste. Je ne dirai donc pas plus de Francis Planté qu'il est le premier pianiste existant que de Madame A jusqu'à Z qu'elle est la plus jolie femme du monde.

Il n'y a pas de premier pianiste existant, et il n'y a pas de plus jolie femme du monde.

Ce que je tiens à dire de Planté dans cette courte notice, c'est qu'il a le secret des cœurs, qu'il émeut sans violenter l'oreille, charme le plus souvent et dit vrai autant qu'il joue juste les compositions empreintes de tous les caractères du génie.

Ce que je tiens encore à dire sur cet admirable virtuose, à la fois poëte et philosophe, c'est qu'il a traversé les régions épineuses où la controverse s'établit sur le mérite d un artiste, pour atteindre à cette région sereine où le musicien, sacré par ses pairs, ne trouve plus que des admirateurs.

Il est difficile de caractériser les qualités d'un exécutant tel que Planté, qui les a toutes, qui sait plier son imagination aux caprices de toutes les imaginations, se fait à tous les styles et devient comme le compositeur lui-même de l'œuvre dont il est l'interprète.

Tel est Planté, tel est Liszt, tels sont tous les virtuoses qui joignent, à un mécanisme parachevé sur leur instrument, le goût, ce guide suprême sans lequel la virtuosité n'est qu'un jeu d'adresse et la musique qu'un grimoire livré à l'interprétation déréglée de l'exécutant.

Mais s'il est presque impossible de caractériser un talent aussi parfait dans ses parties et aussi multiple dans son ensemble, il est toujours facile d'exprimer son admiration pour des dons si rares et si précieux. C'est ce que nous avons fait avec tous les écrivains spéciaux auxquels, dans les journaux et les revues, incombe la critique musicale.

Descriptions contemporaines

SI LE LECTEUR veut bien nous permettre de nous citer nous-même, voici ce que nous écrivions[1] en sortant d'une des séances du Conservatoire qui ont mis, il y a deux ans, le comble à la réputation de notre pianiste national.

Quand on fera l'histoire de la musique en 1872, une page enthousiaste sera, consacrée aux séances de musique de chambre que donnent au Conservatoire MM. Alard et Franchomme, avec le concours de M. Francis Planté. Jamais, nous le disons sans exagération, nous n'avons eu pour nos oreilles, devenues pourtant bien exigeantes, un festin plus noble et plus délicat que ces séances à jamais mémorables.

Sous les doigts de M. Francis Planté (et sous ses pieds aussi, car ce virtuose a poussé, jusqu'à la science, l'art de se servir des deux pédales, en les élevant et les abaissant par degrés et en les mélangeant), le piano perd ses défauts pour devenir une sorte d'instrument nouveau dont les qualités chantantes et les harmonies, adorablement pondérées et nuancées, passent par l'oreille pour pénétrer le cœur. Doué d'un mécanisme arrivé au dernier degré de la puissance, il sait le maîtriser et en faire toujours, et quoi qu'il arrive, le docile serviteur de la pensée musicale. C'est elle qui domine en souveraine dans l'exécution de Planté, lequel, n'ayant pas à s'occuper de la partie purement mécanique, s'abandonne tout entier à l'interprétation poétique

---

[1]. Revue musicale du *Siècle,* 9 avril 1872.

de l'œuvre. De là résulte un charme auquel l'étonnement ne se mêle qu'après coup, et quand on s'est demandé par quelles facultés naturelles et acquises l'exécutant a pu arriver à cette douceur dans la force, à cette force dans la douceur, à cette prodigieuse régularité de mouvement et d'intensité de sons dans les passages difficiles, où les plus habiles ne triomphent jamais que de la note, quand Planté reste toujours musical, maître du mécanisme et libre de l'expression.

La huitième Polonaise de Chopin, jouée par Planté, est un exemple saisissant des qualités d'exécution que possède cet artiste. Depuis Chopin lui-même, à qui nous avons eu le bonheur d'entendre exécuter cette étrange et superbe composition, nous n'avions rien admiré de si parfait. Ajoutons que ce grand virtuose, qui est la gloire de l'école Marmontel au Conservatoire, exécute avec la même supériorité Mozart, Mendelssohn, Beethoven, Weber, Schumann et les auteurs contemporains qu'on pourrait appeler les classiques de l'avenir.

Je viens de parler de la huitième Polonaise de Chopin. Voici en quel style heureusement image M. Jouvin, rédacteur de *la Presse* et du *Figaro* (pseudonyme Benedict) rend compte de l'exécution de ce poëme musical sous les doigts de Planté.

A quoi faut-il comparer les deux mains du pianiste (la main gauche surtout) lâchées sur le clavier, la bride sur le cou? A l'attaque du motif, cela ressemble à une nuée de sylphes effleurant d'un pied d'azur l'ivoire et l'ébène, et faisant l'école buissonnière à travers des *modulations* affolées, s'éparpillant, comme des écoliers, à travers une foule de petits sentiers *mélodiques* et *harmoniques,* fleuris comme les lilas d'avril. Mais la terrible main gauche se met à gronder comme un orage lointain. C'est une rafale de notes qui soulève, une à une, toutes les sonorités du piano. C'est l'ouragan, c'est le tonnerre! Adieu les sylphes! Chaque doigt du pianiste devient une légion de diables s'enroulant à des gammes échevelées. Les uns dansent sur place, les autres vont et viennent avec une *furia* toujours croissante.

La danse effrénée s'achève en fusées diatoniques ou chromatiques. On dirait que le piano, du grave à l'aigu, allume un feu d'artifice sur chaque corde mise en vibration. — J'en suis à me demander comment il se fait, qu'après l'exécution de la Polonaise de Chopin, le public ne se soit pas mis à exécuter la *danse macabre* sur les stalles et sur le bord des loges !

M. Victoria Joncières, dans *la Liberté*, ne se montre pas moins enthousiaste que M. Jouvin et que tous ceux qui ont été à même d'apprécier l'illustre pianiste.

Hier a eu lieu, au Conservatoire, la première des séances de musique de chambre de MM. Alard et Franchomme, avec le concours de MM. Francis Planté, Dancla et Trombetta, et Mme Carvalho. Le succès a été immense. Mme Carvalho s'est fait applaudir deux fois ; elle a chanté, comme d'habitude, à ravir. Quant à M. Planté, il a soulevé à plusieurs reprises les applaudissements les plus frénétiques. « C'est certainement, disait auprès de nous un connaisseur, le premier pianiste de l'Europe ! » Comment se fait-il que cet éminent artiste, *élève du Conservatoire de Paris*, n'ait pas encore été, de la part du ministre des beaux-arts, l'objet d'une récompense honorifique que nous voyons briller à la boutonnière de certains pianistes, bien inférieurs en tous points à M. Planté ? Nous signalons cet oubli à M. Jules Simon et à M. Charles Blanc.

La salle était comble. Dans l'avant-scène de M. Heugel, se trouvaient réunies Mmes Carvalho, Nilsson et Alboni, trois étoiles, avec leurs satellites : Ambroise Thomas et Halanzier. A l'estrade, nous avons remarqué : MM. Hervé, Léonce Détroyat, Vuhrer, Emile Durand, de Lassalle, Jouvin, chevalier d'Arneiro, Abraham, de Lauzières, Strakosch, etc.

A un an de distance, et pour ainsi dire jour pour jour, Francis Planté reparaissait au Conservatoire, où son admirable talent, grandi peut-être encore, — je ne dirai pas par l'étude du clavier, mais par la méditation des maîtres, — excitait les mêmes transports d'enthousiasme de la part d'un public d'artistes et d'amateurs les plus distingués de la capitale. Tel fut l'attrait de ces mémorables séances, que trois mois avant qu'elles eussent lieu, les listes de souscription étaient closes et que le jour du premier concert, il n'y avait plus littéralement nulle part, au Conservatoire, un strapontin, une chaise, un coin de loge dont on pût disposer. Le succès fut considérable et tel qu'un artiste exécutant n'en saurait désirer de plus glorieux.

Sous l'impression de ces concerts, qui tenaient de la conférence musicale par le choix des morceaux, d'un caractère intime pour la plupart, autant que par la composition tout artistique de l'auditoire, nous écrivîmes les lignes suivantes :[2]

> Vous n'avez pas oublié, lecteur, le succès d'enthousiasme qui accueillit les séances de musique de chambre, données l'an dernier au Conservatoire, par Alard et Franchomme, avec le concours de Francis Planté, de Ch. Dancla, de l'alto Trombetta, et, pour la partie vocale, de Mmes Carvalho et Viardot. Quel gourmet musical eût pu rêver de plus délicieuses et complètes jouissances ? J'avais pour voisin de banquette une sorte de Prudhomme dilettante, qui me dit sans rire, gravement, avec conviction, ces paroles, que j'aurais voulu voir recueillies pour être gravées dans le marbre ou le bronze :
>
> « Monsieur, il n'y a qu'à Paris, la ville de toutes les perfections, où l'on puisse rencontrer un semblable groupe de musiciens. J'ai voyagé dès ma plus tendre enfance ; j'ai doublé trois fois le cap Horn, deux fois le cap de Bonne-Espérance ; j'ai visité l'Amérique du Sud, et traversé les Cordillières ; j'ai accompli les plus hautes ascensions et vu l'Himalaya comme je vous vois ; l'Inde, la Chine, le Brésil, le Mexique, le Pérou, le Chili, et les États-Unis d'Amérique n'ont plus de secrets pour moi ; je suis allé à Corinthe et j'ai visité le saint sépulcre. Eh bien, monsieur croyez-en ma parole, nulle part la musique ne s'est offerte à moi sous des aspects aussi riants qu'à cette salle du Conservatoire et par ces artistes d'élite. »
>
> J'ai moins voyagé que ce consciencieux Prudhomme ; mais, comme lui, je suis en effet très-convaincu qu'on ne trouverait nulle part ailleurs qu'à Paris, doublât-on dix

---

2. Revue musicale, *Siècle* du 21 avril 1873.

fois le cap Horn, un ensemble de cette perfection. C'est l'idéal même réalisé.

Deux concerts ont eu lieu (la série n'est que de trois), et chacun de ces concerts mériterait qu'on lui consacrât un feuilleton spécial.

A la première séance, et pour ne parler d'abord que des morceaux d'ensemble, nous avons eu le trio en *mi bémol* de Schubert, une œuvre charmante et d'un caractère pittoresque, qui n'a peut-être pas été sans influence sur le génie de Weber. Rien, dans l'exécution de ce trio par Alard, Franchomme et Planté, qui n'ait porté l'empreinte d'un sentiment musical exquis, renfermé dans les justes limites du goût. On est ravi à chaque mesure, à chaque note, pour ainsi dire, et quand l'archet d'Alard a pleuré ou ri sur la corde devenue voix humaine, Planté reprend le motif, et, l'étonnement se mêlant à l'admiration, on éclate comme malgré soi en transports d'enthousiasme. C'est le secret des dieux que celui des grands artistes. Rayon de lumière, ils éclairent tout sur leur passage, et l'expression de leur sentiment double le nôtre.

Le beau quatuor de Beethoven en *ut mineur* pour deux violons, alto et violoncelle, a été dit par Alard, Dancla, Trombetta et Franchomme, avec le même grand sentiment musical, la même justesse d'expression et le même ensemble merveilleux. Alard et Franchomme sont restés à leur pupitre, et Planté a pris place ensuite au piano pour dire l'*adagio cantabile* et *rondo final* du onzième trio d'Haydn.

Bravo et toujours bravo ! Il n'est pas téméraire de penser que Haydn n'a jamais entendu son œuvre aussi parfaitement rendue que par cette sainte trinité musicale de trois artistes en une seule pensée, en un seul sentiment.

Mais que dire de Planté quand, livré à ses inspirations, il se fait l'interprète des chefs-d'œuvre écrits pour le piano seul ou transcrits pour cet instrument ? Il est bien difficile de parler de ce poëte d'harmonie, de cet éloquent orateur de la muse des sons (je ne dis pas de ce pianiste, car Planté est plus qu'un pianiste) sans crainte de tomber dans le style emphatique et de se noyer dans un océan de compliments superlatifs. Pour exprimer ma pensée aussi simplement que possible, je dirai que Planté est un mécanisme complet, achevé et parachevé, mis au service de l'organisation la plus sensible et du goût le mieux réglé qui fut jamais.

Planté est une âme qui parle par le moyen du clavier et des pédales; mais, en l'entendant, on oublie l'instrument de ses aspirations pour s'abandonner tout entier et avec passion au charme de la musique dont il se fait l'inimitable interprète. Il pourrait, comme tant d'autres virtuoses et mieux que personne, se lancer dans les traits de bravoure et éblouir par la dextérité de son mécanisme. N'espérez pas ou plutôt ne craignez jamais, de la part de ce musicien, une extravagance quelconque, fût-elle sublime. Planté, c'est la rectitude de la vérité dans l'expression poussée jusqu'à la vénération des maitres dont il se fait le respectueux interprète.

Il pense, il sent, il entre par les liens mystérieux de la foi musicale dans le génie de ceux dont il est frère par le sentiment, sans se préoccuper de ceux qui l'écoutent. Pour lui, pour la satisfaction de son cœur ému, il joue, il chante, il pleure, il aime, il rêve sur la terre ou s'élance dans le radieux firmament de l'idéal. Mon Dieu, je suis bien loin de dénier le mérite des autres pianistes de talent; mais il y a, chez Planté, je ne sais quoi d'individuel et d'exclusif qui commande impérieusement l'intérêt et séduit. Il est d'ailleurs si ému lui-même, et son émotion est si sincère, si chaste, qu'elle fait naître l'émotion et inspire le respect, même chez les natures les plus réfractaires aux beautés de l'art. Planté n'est ni Listz, ni Thalberg, ni Chopin; il est lui, et sa place est désormais à jamais marquée dans l'histoire du piano, puisque tel est l'instrument qu'il a choisi.

Dans le premier concert, Planté a exécuté seul l'*andante* et *scherzo* de la deuxième sonate de Weber; la gavotte d'*Iphigénie en Aulide,* et la Sérénade de Méphistophélès dans *la Damnation de Faust,* de Berlioz, avec un succès qui nous a rappelé les beaux jours de Listz, de Chopin et de Thalberg. Au second concert, Planté a joué, outre la partie de piano dans le trio en *si mineur* de Mendelssohn et dans celui de Beethoven, opéra onze, la première ballade de

Chopin (édition des classiques Marmontel), et le scherzo de la sonate en *si bémol* du même compositeur : deux poèmes sans paroles, qui sont tout un monde de rêves et d'aspirations idéales. Puis encore le délicieux rondeau de la troisième grande sonate de Weber. Après cette pièce, comme après le scherzo de Chopin, la salle entière a salué l'artiste de bravos qui menaçaient de n'avoir pas de fin. On criait *bis* de partout ; mais Planté, se sentant un peu fatigué, s'est avancé au bord de l'estrade et a dit simplement ces mots :

« Je remercie mon bon public des témoignages si flatteurs dont il veut bien m'honorer. Je lui demande la permission de m'en tenir pour aujourd'hui aux morceaux indiqués sur le programme. Mercredi je jouerai tout ce qu'on voudra.

« Voilà une promesse attrayante pour les élus de ce paradis musical qu'on appelle la salle du Conservatoire. »

L'impression ressentie par nos confrères en critique musicale ne fut pas alors moins vive que la nôtre. Voici un excellent résumé des séances du Conservatoire que nous empruntons au *Journal des Débats*.

Les trois séances de MM. Alard et Franchomme, les dignes successeurs de Baillot, ont fait événement au Conservatoire. C'est une véritable fondation, et désormais la musique de chambre nous y parait appelée à avoir ses séances de trios, quatuors et quintettes, tout comme la Société des Concerts y fait admirer chaque année les immortelles symphonies de Beethoven. Autrefois, Alard et Franchomme donnaient leurs séances dans la petite salle du Conservatoire ; la grande salle leur a été plus favorable encore. Il est vrai qu'ils se trouvent aujourd'hui assistés d'un incomparable pianiste. M. Francis Planté, élève du Conservatoire, lauréat de la classe Marmontel, vient de placer bien haut l'école française. Nous ne nous souvenons pas d'avoir assisté à pareil triomphe ! Et quel public pour acclamer le grand pianiste français ! Tout ce que Paris compte de célébrités dans les arts, les lettres et le monde dilettante était là, se disputant les moindres places. Une partie de la presse musicale avait pris rang près du piano de M. Francis

Planté, qui a littéralement émerveillé ses auditeurs par une admirable interprétation des chefs-d'œuvre des grands maîtres. Haydn, Mozart, Beethowen, Mendelssohn ont aussi retrouvé dans Alard et Franchomme les incomparables interprètes que l'on connaît. Charles Dancla n'a pas dédaigné de leur servir de second violon, ce qui est tout un hommage rendu par un grand violoniste à un artiste de l'exceptionnelle valeur d'Alard. Trombetta tenait l'alto, et Gouffé la contre-basse. Où trouver une pareille pléiade de virtuoses, à laquelle, de plus, on a vu se joindre deux étoiles de première grandeur, MM^{mes} Viardot et Carvalho? car le chant classique a pris sa belle et bonne part des mémorables programmes de ces trois séances de musique de chambre. Le piano d'accompagnement était tenu par M. Maton, et Louis Diemer est venu partager le succès de son illustre condisciple Francis Planté, dans la belle sonate concertante de Mozart, l'un des morceaux à sensation du dernier programme.

Le journal *le Soir,* par la plume autorisée de son rédacteur musical, M. Arthur Pougin, ajoutait une note éloquente à cet accord consonnant d'éloges mérités.

Un triomphe sans précédent, même dans cette salle du Conservatoire, habituée aux chefs-d'œuvre immortels et aux virtuoses de premier ordre, a été pour M. Francis Planté. Après plusieurs années de silence, passées dans la retraite et dans la méditation, M. Planté déjà si apprécié naguère, nous est revenu avec un talent *admirable,* et tel que peut-être on n'en a jamais vu sur le piano. Je ne parle pas de la difficulté, il n'en est plus pour lui, et les questions de mécanisme n'en sont point pour un artiste de cette valeur, qui possède au degré suprême toutes les qualités d'un virtuose, et qui pourtant est tout autre chose qu'un virtuose. Non, ce qu'il faut admirer, c'est l'ensemble, le fini et l'étonnant fondu de l'exécution, c'est son style incomparable, c'est ce merveilleux sentiment des nuances, depuis les plus délicates jusqu'aux plus vigoureuses : c'est le moelleux, la souplesse et la grâce du doigté, c'est ce phrasé merveilleux, unique, sans pareil, c'est cette entente

du véritable effet musical, c'est ce goût si exquis et si pur, c'est …tout enfin. J'entendais dire auprès de moi que de la révélation de ce talent magistral allait dater une ère, une époque nouvelle dans l'histoire du piano ; c'est parfaitement mon avis.
Pour aujourd'hui, je n'ai dit que la centième partie du bien que je pense de M. Planté, je n'ai fait connaître que le plus petit nombre de ses qualités. Je me promets de revenir prochainement, et plus longuement, sur un artiste d'un ordre aussi exceptionnel.

Berlioz, dans le *Journal des Débats,* dès 1860 s'exprimait ainsi sur Planté :

> Voilà un pianiste musicien qui ne cherche son succès que dans l'interprétation fidèle et intelligente des chefs-d'œuvre, et qui ne se livre à aucun des excès antiharmoniques et antirhythmiques dont les pianistes se rendent coupables si souvent.

Dans le même journal, quatre ans au plus tard, J. d'Ortigue s'écrie en parlant du même virtuose :

> Je ne connais pas de pianiste plus brillant et plus pur. Quel merveilleux talent.

M. de Thémines, parlant dans *la Patrie* de la huitième Polonaise exécutée par Planté dit :

> Chopin, lui-même, eût été émerveillé.

Le Français, par la plume de M. Zède, analyse le jeu de notre grand artiste :

> Planté possède les qualités qui dominent la foule et qui l'entraînent. Il a la délicatesse exquise, la netteté, un sentiment plein de grâce à la fois et de tendresse ; de plus, il reste simple et sa tenue modeste éveille le souvenir de tant de ses prédécesseurs dont le charlatanisme frisait le ridicule. …Planté a triomphé de tout. Je ne me rappelle pas d'avoir assisté jamais à un succès plus complet et plus mérité.

M. Paul Foucher écrit dans *l'Opinion nationale :*

> M. Planté est prodigieux ; il a la force, il a le charme, il a la grâce, il a tout. Rien ne supplée à la voix humaine, a-t-on dit ; désormais il y aura une exception, le piano de Planté.

Dans *la France,* Pierre du Croisy dit avec chaleur :

> M. Planté a joué, entre autres morceaux, la huitième Polonaise de Chopin d'une façon merveilleuse. Ce prodigieux travail en octaves de la main gauche a été exécuté par le jeune maître avec la plus inimitable perfection. Enfin, chose rare, M. Planté chante sur son piano comme Mme Carvalho avec sa voix ou M. Alard avec son violon.

Je lis dans le feuilleton de *Paris-Journal* les lignes suivantes :

> Le talent de ce virtuose a grandi ; il a acquis — cela ne paraissait pas possible — plus de maturité, plus de virilité, une plus souveraine maestria, et son jeu a conservé cette merveilleuse agilité, cette égalité, cette grâce et cette puissance qui font de M. Planté le premier pianiste du monde.

Un mot de M. Ernest Reyer, l'auteur de *la Statue* :

> Si l'abbé Liszt, lui-même, reparaissait un jour sur la scène de ses premiers succès, avec cette humilité chrétienne qui survivra sans doute à sa vocation dernière, il s'inclinerait devant le talent de Francis Planté.

M. Lionel, du *Matin,* pense que :

> M. Planté réconcilierait avec son instrument toute la tribu des pianophobes. Et Dieu sait, ajoute-t-il, s'ils sont nombreux !

Le Moniteur universel constate que M. Planté :

> A tenu l'auditoire sous le charme avec les *Mélodies hongroises* de Liszt, que les bravos l'ont forcé de recommencer et qu'il a exécuté mieux, si c'est possible, la seconde fois que la première.

Le Courrier des théâtres dit beaucoup en peu de mots :

> Le grand pianiste a fait littéralement fanatisme.

Dans sa revue musicale du *Journal de Paris,* M. Jules Guillemot écrit ee qui suit :

> Mais ce qui a, plus encore que tout le reste, exalté l'admiration enthousiaste de l'auditoire, c'est le jeu du pianiste Francis Planté. Délicatesse, puissance, art d'égrener les notes comme des perles ou de les faire vibrer en un harmonieux ouragan, l'artiste réunit toutes ces qualités ù un degré qui ferait admirer chez tout autre l'existence d'une seule d'entre elles.

M. Daniel Bernard ne se montre pas moins satisfait dans *l'Union* :

> Le mécanisme du piano n'a plus de difficultés pour M. Planté, et il peut se lancer à la suite des beaux génies sans craindre pour ses doigts exercés les rébellions de l'humaine nature. Jamais le Concerto-Stuck de Weber n'a été interprété avec cette correction, avec cette impétuosité mesurée et sûre de ses écarts ; jamais la huitième Polonaise de Chopin n'a paru enveloppée de plus rares atours.

Dans *l'Art musical,* M. Gaston Escudier suit le torrent de l'enthousiasme universel :

> M. Planté, dit-il, est le héros de la saison. On ne joue pas du piano avec plus de goût, de poésie, plus de perfection que ce pianiste hors ligne.

M. Elwart écrit dans *le National* :

> Le Concerto-Stuck de Weber a été exécuté avec une vélocité vertigineuse par Francis Planté, le lion du Conservatoire.

M. Ch. Bannelier, parlant dans *la Revue et Gazette musicale* des transcriptions de Planté, dit :

> Ces transcriptions sont en quelque sorte l'affirmation, le complément du talent de virtuose de Planté. Il écrit comme il exécute : avec une élégance qui dissimule le travail, avec une correction grâce à laquelle on ne sent plus l'effort.

Le Ménestrel constate l'unanimité de la presse à acclamer Francis Planté, et fait cette très-intéressante observation dont nous avons pu vérifier l'exactitude :

Eh bien, dit *le Ménestrel,* ceux qui ne l'ont pas entendu interpréter le finale de la sonate *appassionata* de Beethoven, la grande étude de Chopin, dite *le Jugement dernier* et la légende de Liszt, *Saint François de Paule marchant sur les flots,* ne connaissent pas ce grand pianiste dans toute l'expression de son âme d'artiste. Il a traduit ces admirables pages avec un accent et des sonorités encore inconnus au piano. Aussi, tous les assistants partageaient-ils l'émotion de l'interprète.

Vingt autres journaux parisiens éclatent en transports d'enthousiasme, et nous regrettons vivement que les dimensions de ce petit travail ne nous permettent pas de les citer tous.

Performances

PLANTÉ n'est pas prodigue de son talent. C'est bien assurément de tous nos célèbres virtuoses celui que la province connaît le moins. Cependant il lui est arrivé de céder à des invitations faites par quelques cercles philharmoniques. Nantes et Bordeaux garderont un souvenir toujours vif de la visite musicale du grand pianiste dans ces deux villes importantes de nos départements.

Le concert donné hier soir au théâtre de la Renaissance, écrit *l'Union bretonne,* a été un des plus beaux que Nantes ait entendus. Préparé avec le plus grand soin, il avait, malgré l'élévation du prix des places, attiré une foule très-nombreuse. La recette a été magnifique; elle s'est élevée, dit-on, à 6,000 fr.

M. Planté, le merveilleux pianiste que le public avait tant applaudi à la salle des Beaux-Arts, s'est fait entendre quatre fois, dont une dans un trio avec MM. Harndorff et Piédeleu. Plus nous connaissons cet artiste, plus nous goûtons son incomparable talent. Il possède ce don supérieur de faire chanter le piano, cet art de lier les notes, que l'expérience seule est impuissante à donner et qui communique à l'instrument tant de sentiment et de vie. Que de légèreté dans sa *Danse des fées,* que d'harmonie et d'éclat dans la marche et le finale du *Croisé!* Les connaisseurs admiraient surtout la transcription du menuet de Boccherini, où, malgré de nombreuses difficultés à vaincre, règne tant d'aisance et de simplicité. La mélodie hongroise a été bissée : c'était justice. M. Planté ne s'est pas fait prier : il a repris ce morceau, d'une cadence pleine à la fois de goût et d'originalité. Ç'a été un vrai triomphe pour lui : applaudissements, rappels, bouquets, couronnes, le public n'a rien épargné pour marquer sa haute sympathie et son admiration.

Francis Planté est allé deux fois à Bordeaux. Après le deuxième concert, un écrivain compétent, M. Paul Lavigne, écrit dans *la Gironde* un long article, dont nous détachons les premières lignes :

CONCERT DU CERCLE PHILHARMONIQUE.

On n'a pas oublié l'impression profonde que produisit l'hiver dernier, à Bordeaux, le talent de M. Francis Planté. Ici, comme à Paris, on fut émerveillé de ce jeu d'une pureté infinie, d'une netteté et d'une dextérité vraiment prodigieuses.

Nous avons, retrouvé cette année le célèbre artiste transformé et grandi encore, si cela est possible. A ses qualités de finesse, de charme et de distinction, sont venus s'adjoindre un nerveux, une fermeté, un *brio,* qui font à coup sûr de Francis Planté le pianiste le plus complet qu'on puisse entendre à l'heure qu'il est. Il possède au suprême degré ce qui caractérise l'école française : la clarté, l'élégance, la souplesse, le fini, l'aisance et la noblesse de la diction, et aussi cette allure gracieuse et ailée qu'on ne retrouve chez aucun artiste étranger, quelque accompli qu'il soit.

L'enthousiasme de l'auditoire était à son comble. Le splendide *concerto* en *ré* de Mendelssohn (op. 40) a été écouté avec religion et applaudi avec frénésie. Cette page ravissante du tendre génie à qui l'on doit tant de choses admirables était peu connue à Bordeaux. Très-difficile d'interprétation, il fallait les doigts prestigieux de Francis Planté pour en faire ressortir les côtés poétiques et intéressants. Le *finale* est étonnant de verve aimable et de couleur.

M. Planté a joué en outre la huitième *Polonaise* de Chopin, un chef-d'œuvre de poésie chevaleresque et d'originalité ; la *Tarentelle,* du même compositeur, étourdissante de vie et d'entrain ; les *Mélodies hongroises,* de Listz (bissées), et trois transcriptions : *C'est ton nom,* mélodie de

Mme Sourget de Santa-Coloma, un *menuet* de Boccherini (ces deux œuvres transcrites par M. Planté), et la *Sérénade de Méphistophélès* (de *la Damnation de Faust*), du grand Berlioz, transcrite par M. Ernest Redon.

Les bravos et les rappels, comme on peut penser, n'ont pas manqué au jeune grand artiste. Rarement nous avons vu la salle Franklin dans un tel état d'enthousiasme. Ces ovations chaleureuses et spontanées s'adressaient autant au musicien consommé, scrupuleux interprète de la pensée des maîtres, qu'au virtuose incomparable que le monde musical considère unanimement comme l'un des représentants les plus parfaits de l'art du piano.

Un des rédacteurs de *l'Indépendance de l'Ouest*, M. Edouard Tester de Ravisi, a eu le bonheur d'entendre Francis Planté dans l'intimité, et voici ce qu'il nous révèle :

« M. Planté déchiffre avec une merveilleuse facilité. Nulle partition n'est chargée, difficile : que l'harmonie y soit touffue, les dessins croisés, les mouvements rapides, — tout sera un jeu pour lui. — Il ajoutera même aux difficultés, car il jouera en octave les notes simples. Nous l'avons vu de la sorte dans plusieurs réunions intimes et nous en avons été émerveillé. »

De son coté, M. Edouard Garnier (du *Phare de la Loire*), rendant compte d'une soirée d'amis où Planté avait déchiffré la partie de piano d'un trio très-difficile, s'exprime ainsi qu'il suit :

On n'a pas idée d'une pareille sûreté de lecture. On eût dit que ce trio avait été répété maintes fois. Nous avions la vive satisfaction d'être assis à côté du piano. Malgré l'attention entière que réclamait cette exécution, — au milieu d'un déluge de notes, toujours exprimées avec la plus irréprochable exactitude et la plus grande pureté, — Planté nous parlait à voix basse pour nous signaler différentes particularités de cette œuvre si intéressante, et à chaque instant nous le voyions jouer en octaves aux deux mains les notes simples des pages qu'il interprétait de cette façon inouïe.

Le croirait-on ? après ce qu'on vient de lire. Planté n'a point échappé à la critique morose ou envieuse. Qui donc y pourrait échapper ? Cette critique de mauvaise humeur, à la voix discordante et vinaigrée, ne pouvant contester à Planté son admirable exécution, s'est prise à lui faire le reproche de n'être que virtuose et de n'être point compositeur.

Nous y voici. Aussi bien n'ai-je pas attendu à aujourd'hui pour faire bonne justice de ce grief, d'ailleurs assez plaisant. Etre un pianiste qui ne compose pas! voyez-vous le crime!! est-il assez détestable!!!

Et d'abord, dans la rigoureuse acception du mot, il n'est peut-être pas un seul pianiste virtuose qui ne compose pas. Ne fût-ce qu'un air de danse, une rêverie, une barcarolle, un nocturne, tous les pianistes ont produit quelque chose. Mais cela, pour un musicien, ne s'appelle pas composer, et tel virtuose qui a mis son nom au bas de vingt morceaux, reste néanmoins classé parmi les exécutants qui ne composent pas.

Cette catégorie de virtuoses, à coup sûr fort méritants, bien qu'ils viennent naturellement après les virtuoses compositeurs, est assez nombreuse en France et tend à s'augmenter tous les jours.

Le dirai-je? j'ai pour les pianistes qui ne composent pas une sympathie très-vive, partagée, du reste, par la majorité des musiciens. Sentant que la nature leur a refusé le don créateur, ou bien voulant attendre le moment de se produire comme compositeur avec tous les avantages désirables, ils se livrent franchement doigts et âme au service, non d'un compositeur, non d'une école, mais de tous les compositeurs appartenant à toutes les écoles et dont les œuvres méritent d'être entendues. Sans les pianistes de cette catégorie, les ouvrages des maîtres mourraient, pour ainsi dire, avec eux; car les pianistes compositeurs sont trop absorbés dans leur individualité pour songer d'ordinaire à exécuter autre chose que leur propre musique.

L'étude des ouvrages de toutes les écoles rend le pianiste simplement exécutant plus apte que le pianiste compositeur à comprendre et à apprécier les beautés de l'art, et son cœur, bien servi par ses doigts, est toujours préparé à recevoir les diverses impressions du sentiment musical et à les traduire.

Les pianistes qui ne composent pas ou qui écrivent peu pour leur instrument, tels que Planté, Delaborde, Ritter, Mortier de Fontaine, Diemer, Fissot, Mmes Pleyel, Schumann, Massart, Montigny-Remaury, Szarvady, etc., etc., sont dans leur rôle en jouant la musique de tout le monde; le pianiste qui compose pour son instrument sort de son rôle en exécutant les productions spéciales pour piano de qui que ce soit. C'est un sacrifice qu'il fait en se diminuant de moitié à ses propres yeux. Et telle est sa position dans ce cas qu'il souffrirait nécessairement comme compositeur des succès qu'il obtiendrait comme pianiste en jouant une musique rivale de la sienne. S'il n'obtenait pas de succès, il triompherait indirectement et par abstention comme compositeur, mais il échouerait comme pianiste, et quoi qu'il puisse arriver, il laisserait dans l'arène un lambeau de son amour-propre blessé.

On le voit, le rôle de virtuose compositeur est un rôle essentiellement personnel, et il est de toute impossibilité qu'il en soit autrement.

Voilà pourquoi j'ai pour le virtuose qui ne compose pas une vive sympathie mêlée d'une sincère admiration.

C'est à cette vaillante phalange d'exécutants que nous devons en France, depuis quelques années, la vulgarisation des œuvres pour piano de tous les maîtres classiques. Ils ont puisé à pleines mains dans cet immense trésor d'inspirations léguées à l'admiration de la postérité par Sébastien et Friedemann Bach, Haendel, Rameau, Haydn, Mozart, Beethoven, Mendelssohn, Weber, Hummel, etc., sans dédaigner pour cela les ouvrages plus modernes de Chopin, de Thalberg, dé Prudent, de Ferdinand Hiller, de Rubinstein, de Gottschalk, et de tant d'autres pianistes compositeurs qui certes ont bien leur mérite.

Mais c'en est assez sur ce talent exquis qui se nomme Planté.

Encore n'avons-nous pas tout dit, car on ne saurait tout dire.

Aussi bien, quand il s'agit d'un artiste de la valeur de notre grand pianiste français, dix notes jouées par lui en diraient plus que les plus beaux discours du monde.

Quelques mots encore seulement pour faire connaître, en finissant, ce que peut-être nous eussions mieux fait de dire en commençant cette notice biographique.

Biographie

Francis Planté est né à Orthez (Basses-Pyrénées), le 2 mars 1839.

Les enfants prodiges ne deviennent pas toujours des hommes illustres, mais il est rare que les grands artistes, — compositeurs et exécutants — n'aient pas été des enfants prodiges. A quatre ans, Planté commençait l'étude de la musique, et à sept ans, il débutait dans un grand concert. C'était à l'Hôtel de Ville de Paris, à la suite d'une loterie de bienfaisance. L'enfant fit merveille et le président, prenant dans ses bras celui qui devait un jour remplir de sa renommée le monde musical tout entier, le porta à sa mère en lui disant : *C'est vous, madame, qui avez gagné le plus beau lot.*

Entré au Conservatoire dans la classe de M. Marmontel, d'où sont sortis tant de pianistes distingués et d'excellents musiciens, Planté obtenait, à onze ans, le premier prix de piano à l'unanimité des voix. Celui qui trace ces lignes assistait à ce concours et il n'a point oublié l'effet produit sur le public du Conservatoire par la virtuosité du petit pianiste phénomène. Planté l'emportait sur des concurrents de dix-huit à vingt ans.

C'était un présent plein de belles promesses et l'on peut dire, sans exagération, que Planté a tenu plus encore qu'il ne promettait et plus que nul n'eût osé espérer. Continuant ses études au Conservatoire, sous la direction du savant professeur François Bazin, il remportait, à l'unanimité des voix, un prix d'harmonie.

Son éducation musicale achevée brillamment, notre jeune artiste n'avait plus à demander le perfectionnement de son talent si précoce qu'à la méditation, cette austère et fortifiante étude de l'âme. Il quitta Paris, où tout pour lui n'était que fêtes, bravos, sourires et fleurs, pour aller, cénobite de l'art, se réfugier en province, où il eut le courage de demeurer dix ans ignoré du monde.

De pareilles déterminations ne sont pas communes. Elles dénotent chez ceux qui les prennent le génie du but à atteindre, le plus rare des génies peut-être.

Puis Planté voyagea à l'étranger.

Son esprit vigoureusement éclectique le porta à rejeter toute école systématique pour puiser ses derniers enseignements dans l'universelle école du beau. Il se lia d'amitié avec Thalberg, Liszt, Rubinstein et tous les maîtres contemporains. Enfin, voyant sans doute qu'il savait tout ce qu'on peut apprendre et qu'il avait deviné le reste, Planté revint à Paris.

Sa rentrée dans le monde musical fut un événement, nous le savons.

Comme s'il eût voulu consacrer son talent en le sanctifiant, l'illustre virtuose se fit entendre au profit des orphelins de la guerre et des Alsaciens-Lorrains. Il chanta par la voix émue de son instrument de suaves et indicibles mélodies, où les pleurs se mêlaient à la fière espérance, où d'enthousiastes accents heurtaient des notes expirantes.

Francis Planté est de taille moyenne et svelte. Son visage est régulier, sa physionomie douce, mobile, réfléchie. Quand il joue du piano, son être entier se spiritualise. On le suit du regard autant que de l'oreille, il vous séduit par sa personne en même temps qu'il vous émeut par son exécution. Son organe parlé est doux comme une musique, et s'il n'était pianiste, il pourrait être conférencier, tant sa parole est facile, mesurée attachante et spirituelle. Il a le don de la repartie, et c'est par une anecdote caractéristique de son esprit que je veux terminer.

L'an dernier, M. Jules Simon étant ministre de l'instruction publique et des beaux-arts, manifesta le désir d'avoir à une de ses soirées officielles le célèbre pianiste. Les grands artistes ont leur prix comme les grands médecins. Le ministre s'informa du prix de Planté, qui répondit :

— Je me ferai honneur de jouer au ministère des beaux-arts à la seule condition que les conversations cesseront quand je me mettrai au piano. Et je n'aurai pas joué pour rien, ajouta-t-il en riant, car le silence est d'or.

Je dois dire que, pour Planté, le silence est plus que d'or, car il ne jouerait pas pour une tranche de Californie dans un endroit quelconque où le silence ne pourrait pas s'établir rigoureusement, absolument.

Chopin, non plus, ne transigeait pas avec les bavards. Il osa dire un jour à une grande dame prise d'un accès de démangeaison linguale :

— Ne m'écoutez pas, madame, mais de grâce permettez que je m'entende.

On a dit que le silence est la leçon des rois.

Le silence est aussi le plus précieux hommage qu'un auditoire de bon ton et bien élevé puisse rendre à l'artiste en l'écoutant.

En effet, n'est-ce pas en quelque sorte déshonorer le talent d'un virtuose que de parler, fût-ce à voix basse, pendant qu'il exécute sur son instrument ou qu'il chante l'œuvre d'un maître ?

Applaudissez le musicien de mérite, vous ferez bien ; écoutez-le silencieusement, vous ferez mieux encore.

Orfila, qui eut jusqu'à sa mort et pendant près d'un demi-siècle le salon le plus musical de Paris, avait placé sur un piédestal et bien en vue dans la pièce principale de son appartement, une statue d'Harpocrate. Le dieu égyptien du silence était représenté dans une attitude recueillie, tenant un doigt sur sa bouche. Au moment de commencer le concert, Orfila se levait comme un orateur qui veut prononcer un discours. Toutes les conversations particulières cessaient alors ; mais lui ne parlait point et se bornait, d'un geste sévère, à indiquer la statue symbolique. Les yeux de l'assistance se portaient sur l'image du fils d'Isis et d'Osiris, et ce geste significatif valait mieux qu'un discours. L'ordre ainsi donné fut toujours rigoureusement observé.

Ce respect de l'art et des artistes avait pour effet de décupler le talent des virtuoses, lesquels ne chantèrent ni ne jouèrent jamais mieux ni aussi bien que chez le docteur Orfila.

Pour les artistes, silence oblige, comme pour les gentilshommes noblesse.

Part II

English

Introduction

RECENTLY A MAN OF WIT, a distinguished man of letters and learned musician (I know several who enjoy this triple advantage) having to write to Francis Planté, began his epistle with these words: "My dear poet…"

The expression, although very flattering, was only just. To call Planté: "My dear pianist," would have been almost impertinent. Who is not a pianist? I am—you are—he is a pianist. We are—you are—they are pianists. Poet, that's different!

Whether one writes verse or prose, paints in oil or watercolor, plays an instrument or kneads clay, to be a poet one must, like Pygmalion, give a soul to matter and know how to read the heavens.

They are rare, these delicate minds, these enthusiastic hearts, these apostles of beauty, whom the noises of the earth afflict without corrupting them, and who pursue their apostolate with the serenity of the just and faith in the sublime.

Their life is a novel in two chapters:

They love and they suffer.

Or rather, this novel has only one and the same chapter, because suffering in them is confused with love, and they love to suffer as much as they suffer to love.

What do the motives that make their souls tremble matter!

Poets sing everything in a common sacrifice to the muse, and martyrdom has infinite joys that are already tasted, in this low world, by the chosen ones of the ideal world.

Chopin was a poet, Liszt is a poet, Planté is a poet.

Does this mean that there have never been and that there are no other keyboard poets than these? That is not our thought; three names came to our minds, we have cited them, that is all.

I don't want to be exclusive because I want to be fair. So I won't say any more about Francis Planté that he is the first pianist in existence than I will about Madame A to Z that she is the prettiest woman in the world.

There is no first pianist in existence, and there is no prettiest woman in the world.

What I want to say about Planté in this short notice is that he has the secret of hearts, that he moves without harming the ear, charms most often and speaks the truth as much as he plays the compositions marked by all the characteristics of genius.

What I still want to say about this admirable virtuoso, both poet and philosopher, is that he has crossed the thorny regions where controversy is established on the merit of an artist, to reach this serene region where the musician, consecrated by his peers, finds only admirers.

It is difficult to characterize the qualities of a performer such as Planté, who has them all, who knows how to bend his imagination to the whims of all imaginations, adapts to all styles and becomes like the composer himself of the work he is performing.

Such is Planté, such is Liszt, such are all the virtuosos who join, to a perfected mechanism on their instrument, taste, that supreme guide without which virtuosity is only a game of skill and music only a grimoire delivered to the unregulated interpretation of the performer.

But if it is almost impossible to characterize a talent so perfect in its parts and so multiple in its whole, it is always easy to express one's admiration for such rare and precious gifts. This is what we have done with all the special writers to whom, in newspapers and magazines, musical criticism falls.

Contemporary descriptions

IF THE READER will allow us to quote ourselves, here is what we wrote [3] on leaving one of the Conservatory sessions which, two years ago, crowned the reputation of our national pianist.

When we write the history of music in 1872, an enthusiastic page will be devoted to the chamber music sessions given at the Conservatory by Messrs Alard and Franchomme, with the assistance of Mr Francis Planté. Never, we say without exaggeration, have we had for our ears, which have nevertheless become very demanding, a more noble and delicate feast than these forever memorable sessions.

Under the fingers of Mr Francis Planté (and under his feet too, for this virtuoso has pushed, to the point of science, the art of using the two pedals, raising and lowering them by degrees and mixing them), the piano loses its defects to become a sort of new instrument whose singing qualities and harmonies, adorably balanced and nuanced, pass through the ear to penetrate the heart. Gifted with a mechanism that has reached the last degree of power, he knows how to master it and always make it, and whatever happens, the docile servant of musical thought. It is this which dominates as sovereign in the execution of Planté, who, not having to concern himself with the purely mechanical part, abandons himself entirely to the poetic interpretation of the work. From this results a

---
3. Revue musicale du *Siècle,* 9 April 1872.

charm to which astonishment is only mixed after the fact, and when one has asked oneself by what natural and acquired faculties the performer was able to arrive at this sweetness in force, this force in sweetness, this prodigious regularity of movement and intensity of sounds in difficult passages, where the most skillful never triumph except in the note, when Planté always remains musical, master of the mechanism and free of expression.

Chopin's eighth Polonaise, played by Planté, is a striking example of the qualities of execution possessed by this artist. Since Chopin himself, whom we had the happiness of hearing perform this strange and superb composition, we have not admired anything so perfect. Let us add that this great virtuoso, who is the glory of the Marmontel school at the Conservatoire, performs with the same superiority Mozart, Mendelssohn, Beethoven, Weber, Schumann and the contemporary authors that one could call the classics of the future.

I have just spoken of Chopin's eighth Polonaise. This is the style in which Mr Jouvin, editor of *la Presse* and the *Figaro* (pseudonym Benedict) happily depicts the performance of this musical poem under the fingers of Planté.

To what should we compare the two hands of the pianist (the left hand especially) let loose on the keyboard, the bridle on the neck? At the attack of the motif, it resembles a cloud of sylphs brushing with an azure foot the ivory and the ebony, and playing truant through frantic *modulations,* scattering, like schoolchildren, through a crowd of small *melodic* and *harmonic* paths, flowery like April lilacs. But the terrible left hand begins to rumble like a distant storm. It is a burst of notes which raises, one by one, all the sonorities of the piano. It is the hurricane, it is thunder! Farewell sylphs! Each finger of the pianist becomes a legion of devils coiling around disheveled scales. Some dance on the spot, others come and go with an ever-increasing *fury.* The wild dance ends in diatonic or chromatic rockets. It seems as if the piano, from low to high, lights a firework on each string that vibrates.—I am beginning to wonder how it is that, after the performance of Chopin's Polonaise, the audience did not start performing the *danse macabre* on the stalls and on the edge of the boxes!

Mr Victoria Joncières, in *la Liberté,* is no less enthusiastic than Mr Jouvin and all those who have been able to appreciate the illustrious pianist.

Yesterday took place at the Conservatory the first of the chamber music sessions of Messrs Alard and Franchomme, with the assistance of Messrs Francis Planté, Dancla and Trombetta, and Mme Carvalho. The success was immense. Mme Carvalho was applauded twice; she sang, as usual, delightfully. As for Mr Planté, he raised the most frenzied applause on several occasions. "He is certainly," said a connoisseur to us, "the premier pianist in Europe!" How is it that this eminent artist, *a student of the Paris Conservatory,* has not yet been the object of an honorary reward from the Minister of Fine Arts, which we see shining in the buttonholes of certain pianists, far inferior in all respects to Mr Planté? We point out this omission to Mr Jules Simon and Mr Charles Blanc.

The hall was full. In the foreground of Mr Heugel, were gathered Mmes Carvalho, Nilsson and Alboni, three stars, with their satellites: Ambroise Thomas and Halanzier. On the platform, we noticed: Messrs Hervé, Léonce Détroyat, Vuhrer, Emile Durand, de Lassalle, Jouvin, Chevalier d'Arneiro, Abraham, de Lauzières, Strakosch, etc.

A year later, and so to speak to the day, Francis Planté reappeared at the Conservatoire, where his admirable talent, perhaps further enhanced—I will not say by the study of the keyboard, but by the meditation of the masters—excited the same transports of enthusiasm on the part of an audience of the most distinguished artists and amateurs of the capital. Such was the attraction of these memorable sessions that three months before they took place, the subscription lists were closed and that on the day of the first concert, there was literally nowhere in the Conservatoire a folding seat, a chair, a corner of a box that could be used. The success was considerable and such that a performing artist could not wish for a more glorious one.

Under the impression of these concerts, which were like musical conferences by the choice of pieces, most of them of an intimate character, as much as by the very artistic composition of the audience, we wrote the following lines:[4]

> You have not forgotten, reader, the enthusiastic success that greeted the chamber music sessions given last year at the Conservatoire by Alard and Franchomme, with the assistance of Francis Planté, Ch. Dancla, the viola Trombetta, and, for the vocal part, Mmes Carvalho and Viardot. What musical gourmet could have dreamed of more delicious and complete enjoyments? I had as a neighbor on the bench a sort of dilettante Prudhomme, who said to me without laughing, gravely, with conviction, these words, which I would have liked to see collected to be engraved in marble or bronze:
>
> "Sir, it is only in Paris, the city of all perfections, where one can meet such a group of musicians. I have traveled since my earliest childhood; I have rounded Cape Horn three times, the Cape of Good Hope twice; I have visited South America, and crossed the Cordilleras; I have accomplished the highest ascents and seen the Himalayas as I see you; India, China, Brazil, Mexico, Peru, Chile, and the United States of America no longer hold any secrets for me; I have been to Corinth and visited the Holy Sepulchre. Well, sir, believe me, nowhere has music offered itself to me in such cheerful aspects as in this hall of the Conservatory and by these elite artists."
>
> I have travelled less than this conscientious Prudhomme; but, like him, I am indeed very convinced that one would find nowhere else but in Paris, even if one rounded Cape Horn ten times, an ensemble of this perfection. It is the ideal itself realized.
>
> Two concerts have taken place (the series is only three), and each of these concerts deserves a special feuilleton to be devoted to it.

---

4. Revue musicale, *Siècle* of 21 April 1873.

At the first session, and to speak first only of the ensemble pieces, we had Schubert's *Trio in E flat,* a charming work of a picturesque character, which was perhaps not without influence on Weber's genius. Nothing, in the performance of this trio by Alard, Franchomme and Planté, which did not bear the imprint of an exquisite musical feeling, enclosed within the just limits of taste. We are delighted with each measure, each note, so to speak, and when Alard's bow has wept or laughed on the string which has become a human voice, Planté takes up the motif, and, astonishment mingling with admiration, we burst as if in spite of ourselves into transports of enthusiasm. It is the secret of the gods that of great artists. Rays of light, they illuminate everything in their path, and the expression of their feeling doubles ours.

Beethoven's beautiful *Quartet in C Minor* for two violins, viola and cello, was performed by Alard, Dancla, Trombetta and Franchomme, with the same great musical feeling, the same accuracy of expression and the same marvelous ensemble. Alard and Franchomme remained at their desks, and Planté then took his place at the piano to perform the *adagio cantabile* and *final rondo* of Haydn's eleventh trio.

Bravo and always bravo! It is not rash to think that Haydn never heard his work so perfectly rendered as by this holy musical trinity of three artists in a single thought, in a single feeling.

But what can we say about Planté when, given over to his inspirations, he becomes the interpreter of masterpieces written for the piano alone or transcribed for this instrument? It is very difficult to speak of this poet of harmony, of this eloquent orator of the muse of sounds (I do not say of this pianist, because Planté is more than a pianist) without fear of falling into an emphatic style and drowning in an ocean of superlative compliments. To express my thoughts as simply as possible, I will say that Planté is a complete, finished and perfected mechanism, placed at the service of the most sensitive organization and the best regulated taste that ever existed.

Planté is a soul who speaks by means of the keyboard and pedals; but, in hearing him, one forgets the instrument of his aspirations to abandon oneself entirely and passionately to the charm of the music of which he makes himself the inimitable interpreter. He could, like so many other virtuosos and better than anyone, launch into feats of bravery and dazzle with the dexterity of his mechanism. Do not hope or rather never fear, on the part of this musician, any extravagance, even if it is sublime. Planté is the rectitude of truth in expression pushed to the point of veneration of the masters of whom he makes himself the respectful interpreter.

He thinks, he feels, he enters through the mysterious bonds of musical faith into the genius of those whose brother he is by feeling, without worrying about those who listen to him. For himself, for the satisfaction of his moved heart, he plays, he sings, he cries, he loves, he dreams on earth or soars into the radiant firmament of the ideal. My God, I am far from denying the merit of other talented pianists; but there is, in Planté, I do not know what individual and exclusive which imperiously commands interest and seduces. He is moreover so moved himself, and his emotion is so sincere, so chaste, that it gives rise to emotion and inspires respect, even in natures most refractory to the beauties of art. Planté is neither Listz, nor Thalberg, nor Chopin; he is him, and his place is now forever marked in the history of the piano, since that is the instrument he chose.

In the first concert, Planté performed alone the *andante* and *scherzo* of Weber's second sonata; the gavotte from *Iphigénie en Aulide,* and the Sérénade de Méphistophélès in *La Damnation de Faust,* by Berlioz, with a success that reminded us of the heyday of Listz, Chopin and Thalberg. In the second concert, Planté played, in addition to the piano part in Mendelssohn's *Trio in B Minor* and in Beethoven's opera eleven [?], Chopin's first ballade (edition of the Marmontel classics), and the scherzo of the *Sonata in B-flat* by the same composer: two poems without words, which are a whole world of dreams and ideal aspirations. Then again the delicious rondeau of Weber's third great sonata. After this piece, as after Chopin's scherzo, the entire hall greeted the artist with bravos that threatened to have no end. There was shouting for encore from everywhere; but Planté, feeling a little tired, went to the edge of the stage and simply said these words:

"I thank my good audience for the very flattering testimonies with which they are so kind as to honor me. I ask their permission to stick to the pieces indicated on the program for today. On Wednesday I will play whatever is desired."

This is an attractive promise for the elected representatives of this musical paradise that is called the Conservatory Hall.

The impression felt by our colleagues in music criticism was no less vivid than ours. Here is an excellent summary of the Conservatory sessions that we borrow from the *Journal des Débats*.

> The three sessions of Messrs Alard and Franchomme, the worthy successors of Baillot, were an event at the Conservatoire. It is a veritable foundation, and henceforth chamber music seems to us to be called upon to have its sessions of trios, quartets and quintets there, just as the Société des Concerts has the immortal symphonies of Beethoven admired there each year. Formerly, Alard and Franchomme gave their sessions in the small hall of the Conservatoire; the large hall was even more favourable to them. It is true that they find themselves today assisted by an incomparable pianist. Mr Francis Planté, a student of the Conservatoire, winner of the Marmontel class, has just placed the French school very high. We do not remember having witnessed such a triumph! And what an audience to acclaim the great French pianist! All the celebrities that Paris has in the arts, literature and the dilettante world were there, fighting for the smallest places. A part of the musical press had taken their place near the piano of Mr Francis Planté, who literally amazed his listeners with an admirable interpretation of the masterpieces of the great masters. Haydn, Mozart, Beethoven, Mendelssohn also

found in Alard and Franchomme the incomparable interpreters that we know. Charles Dancla did not disdain to serve as their second violin, which is quite a tribute paid by a great violinist to an artist of the exceptional value of Alard. Trombetta held the viola, and Gouffé the double bass. Where else could one find such a galaxy of virtuosos, to whom, moreover, two stars of the first magnitude were joined, Mmes Viardot and Carvalho? for classical singing took its beautiful and good share of the memorable programs of these three chamber music sessions. The accompanying piano was played by Mr Maton, and Louis Diemer came to share the success of his illustrious fellow student Francis Planté, in the beautiful sonata concertante by Mozart, one of the sensational pieces of the last program.

The newspaper *Le Soir,* through the authoritative pen of its music editor, Mr Arthur Pougin, added an eloquent note to this consonant accord of deserved praise.

An unprecedented triumph, even in this hall of the Conservatory, accustomed to immortal masterpieces and first-rate virtuosos, was for Mr Francis Planté. After several years of silence, spent in retirement and meditation, Mr Planté, already so appreciated recently, returned to us with an *admirable* talent, such as perhaps has never been seen on the piano. I am not talking about the difficulty, it is no longer one for him, and questions of mechanism are not ones for an artist of this value, who possesses to the supreme degree all the qualities of a virtuoso, and who nevertheless is something quite other than a virtuoso. No, what must be admired is the whole, the finish and the astonishing blend of the execution, it is his incomparable style, it is this marvelous feeling for nuances, from the most delicate to the most vigorous: it is the softness, the suppleness and the grace of the fingering, it is this marvelous, unique, unparalleled phrasing, it is this understanding of the true musical effect, it is this taste so exquisite and so pure, it is ... everything finally. I heard people say near me that from the revelation of this masterful talent would date an era, a new epoch in the history of the piano; that is perfectly my opinion.

For today, I have said only the hundredth part of the good that I think of Mr Planté, I have made known only the smallest number of his qualities. I promise myself to return soon, and at greater length, to an artist of such an exceptional order.

Berlioz, in the *Journal des Débats,* as early as 1860, expressed himself thus on Planté:

> Here is a pianist musician who seeks success only in the faithful and intelligent interpretation of masterpieces, and who does not indulge in any of the antiharmonic and antirhythmic excesses of which pianists are so often guilty.

In the same newspaper, four years later, J. d'Ortigue exclaims, speaking of the same virtuoso:

> I don't know a more brilliant and pure pianist. What a wonderful talent.

Mr de Thémines, speaking in *la Patrie* of the eighth Polonaise executed by Planté, says:

> Chopin himself would have been amazed.

Le Français, through the pen of Mr Zède, analyzes the performance of our great artist:

> Planté possesses the qualities that dominate the crowd and carry it along. He has exquisite delicacy, clarity, a feeling full of grace and tenderness at the same time; moreover, he remains simple and his modest demeanor awakens the memory of so many of his predecessors whose charlatanism bordered on the ridiculous, ... Planté has triumphed over everything. I do not remember ever having witnessed a more complete and more deserved success.

Mr Paul Foucher writes in *l'Opinion nationale:*

> Mr Planté is prodigious; he has the strength, he has the charm, he has the grace, he has everything. Nothing can replace the human voice, it has been said; from now on there will be an exception, Planté's piano.

In *la France,* Pierre du Croisy says with warmth:

> Mr Planté played, among other pieces, Chopin's eighth Polonaise in a marvelous way. This prodigious work in octaves of the left hand was executed by the young master with the most inimitable perfection. Finally, a rare thing, Mr Planté sings on his piano like Mme Carvalho with her voice or Mr Alard with his violin.

I read the following lines in the *Paris-Journal* serial:

> The talent of this virtuoso has grown; he has acquired—this did not seem possible—more maturity, more virility, a more sovereign mastery, and his playing has retained this marvelous agility, this equality, this grace and this power which make Mr Planté the premier pianist in the world.

A word from Mr Ernest Reyer, the author of *la Statue:*

> If Abbé Liszt himself were to reappear one day on the scene of his first successes, with that Christian humility which will doubtless survive his final vocation, he would bow before the talent of Francis Planté.

Mr Lionel, from *Matin,* thinks that:

> Mr Planté would reconcile the entire tribe of pianophobes with his instrument. And God knows, he adds, if there are many of them!

Le Moniteur universel notes that Mr Planté:

> He held the audience spellbound with Liszt's Hungarian Melodies, which the applause forced him to repeat and which he performed better, if possible, the second time than the first.

Le Courrier des théâtres says a lot in a few words:

> The great pianist has literally become a fanatic.

In his musical review of the *Journal de Paris,* Mr Jules Guillemot writes the following:

> But what has, even more than anything else, aroused the enthusiastic admiration of the audience, is the playing of the pianist Francis Planté. Delicacy, power, the art of playing notes like pearls or making them vibrate in a harmonious hurricane, the artist unites all these qualities to a degree that would make one admire in any other the existence of a single one of them.

Mr Daniel Bernard is no less satisfied in *l'Union:*

> The piano mechanism no longer has any difficulties for Mr Planté, and he can launch himself into the wake of the great geniuses without fearing for his practiced fingers the rebellions of human nature. Never has Weber's Concerto-Stuck been performed with such correctness, with such measured impetuosity, sure of its deviations; never has Chopin's eighth Polonaise appeared wrapped in rarer finery.

In *l'Art musical,* Mr Gaston Escudier follows the torrent of universal enthusiasm:

> Mr Planté, he says, is the hero of the season. No one plays the piano with more taste, poetry, or perfection than this outstanding pianist.

Mr Elwart writes in *le National:*

> Weber's Concerto-Stuck was performed with dizzying velocity by Francis Planté, the lion of the Conservatoire.

Mr Ch. Bannelier, speaking in *la Revue et Gazette musicale* of Planté's transcriptions, says:

> These transcriptions are in some way the affirmation, the complement of Planté's virtuoso talent. He writes as he performs: with an elegance that conceals the work, with a correctness thanks to which one no longer feels the effort.

Le Ménestrel notes the unanimity of the press in acclaiming Francis Planté, and makes this very interesting observation, the accuracy of which we have been able to verify:

Well, said *le Ménestrel,* those who have not heard him interpret the finale of Beethoven's Sonata *Appassionata,* Chopin's great study, called the *Last Judgement,* and Liszt's legend, *Saint Francis of Paola Walking on the Waves,* do not know this great pianist in all the expression of his artist's soul. He translated these admirable pages with an accent and sonorities still unknown on the piano. Also, all the assistants shared the emotion of the performer.

Twenty other Parisian newspapers burst into transports of enthusiasm, and we deeply regret that the dimensions of this small work do not allow us to cite them all.

Performances

PLANTÉ IS NOT PRODIGAL with his talent. Of all our famous virtuosos, he is certainly the one whom the province knows the least. However, he has happened to yield to invitations made by some philharmonic circles. Nantes and Bordeaux will always keep a vivid memory of the musical visit of the great pianist to these two important cities of our departments.

The concert given yesterday evening at the Théâtre de la Renaissance, writes *l'Union bretonne,* was one of the most beautiful that Nantes has heard. Prepared with the greatest care, it had, despite the increase in the price of the seats, attracted a very large crowd. The takings were magnificent; they say they raised 6,000 francs.

Mr Planté, the marvelous pianist whom the public had applauded so much at the Salle des Beaux-Arts, was heard four times, including one in a trio with Messrs Harndorff and Piédeleu. The more we know this artist, the more we appreciate his incomparable talent. He possesses this superior gift of making the piano sing, this art of linking notes, which experience alone is powerless to give and which communicates to the instrument so much feeling and life. What lightness in his *Dance of the Fairies,* what harmony and brilliance in the march and the finale of the *Crusader!* Connoisseurs especially admired the transcription of Boccherini's minuet, where, despite many difficulties to overcome, so much ease and simplicity reigns. The Hungarian melody was encored: it was justice. Mr Planté did not need asking twice: he reprised this piece, with a cadence full of taste and originality. It was a real triumph for him: applause, encores, bouquets, crowns, the public spared nothing to show its high sympathy and admiration.

Francis Planté went to Bordeaux twice. After the second concert, a competent writer, Mr Paul Lavigne, wrote a long article in *la Gironde*, from which we detach the first lines:

CONCERT OF THE PHILHARMONIC CIRCLE.

We have not forgotten the deep impression that the talent of Mr Francis Planté produced last winter in Bordeaux. Here, as in Paris, we were amazed by this playing of infinite purity, of a clarity and a truly prodigious dexterity.

This year we have found the famous artist transformed and grown again, if that is possible. To his qualities of finesse, charm and distinction, have been added a nervousness, a firmness, a brilliance, which undoubtedly make Francis Planté the most complete pianist that one can hear at the present time. He possesses to the supreme degree what characterizes the French school: clarity, elegance, suppleness, finish, ease and nobility of diction, and also that graceful and winged allure that one does not find in any foreign artist, however accomplished he may be.

The enthusiasm of the audience was at its height. Mendelssohn's splendid *Concerto in D* (op. 40) was listened to religiously and applauded with frenzy. This ravishing page of the tender genius to whom we owe so many admirable things was little known in Bordeaux. Very difficult to interpret, it required the prestigious fingers of Francis Planté to bring out its poetic and interesting sides. The *finale* is astonishing in its amiable verve and color.

Mr Planté also played Chopin's eighth *Polonaise,* a masterpiece of chivalrous poetry and originality; the *Tarantella,* by the same composer, dizzying with life and enthusiasm; Listz's *Hungarian Melodies* (encores), and three transcriptions: *C'est ton nom,* a melody by Mme Sourget de Santa-Coloma, a *minuet* by Boccherini (both works transcribed by Mr Planté), and the *Serenade* de Méphistophélès (from *La Damnation de Faust*), by the great Berlioz, transcribed by Mr Ernest Redon.

The bravos and encores, as one might imagine, were not lacking for the young great artist. Rarely have we seen the Franklin Hall in such a state of enthusiasm. These warm and spontaneous ovations were addressed as much to the consummate musician, scrupulous interpreter of the thoughts of the masters, as to the incomparable virtuoso whom the musical world unanimously considers as one of the most perfect representatives of the art of the piano.

One of the editors of *l'Indépendance de l'Ouest,* Mr Edouard Tester de Ravisi, had the pleasure of hearing Francis Planté in private, and here is what he reveals to us:

> Mr Planté deciphers with marvelous ease. No score is loaded, difficult: whether the harmony is dense, the designs crossed, the movements rapid,—everything will be a game for him.—He will even add to the difficulties, because he will play the simple notes in octave. We have seen him in this way in several intimate gatherings and we were amazed by it.

For his part, Mr. Edouard Garnier (from the *Phare de la Loire*), reporting on an evening with friends where Planté had deciphered the piano part of a very difficult trio, expressed himself as follows:

> One has no idea of such sureness of reading. One would have said that this trio had been rehearsed many times. We had the lively satisfaction of being seated next to the piano. Despite the complete attention that this performance demanded,—in the midst of a deluge of notes, always expressed with the most irreproachable exactitude and the greatest purity,—Planté spoke to us in a low voice to point out to us different particularities of this very interesting work, and at every moment we saw him playing in octaves with both hands the simple notes of the pages that he interpreted in this unheard-of way.

Would one believe it? After what one has just read. Planté has not escaped morose or envious criticism. Who could escape it? This ill-tempered critic, with a discordant and vinegary voice, unable to contest Planté's admirable performance, took to reproaching him for being only a virtuoso and not a composer.

Here we are. So I did not wait until today to do justice to this grievance, which was quite amusing anyway. To be a pianist who does not compose! Do you see the crime!! Is it quite detestable!!!

And first of all, in the strict sense of the word, there is perhaps not a single virtuoso pianist who does not compose. Even if it were only a dance tune, a reverie, a barcarolle, a nocturne, all pianists have produced something. But that, for a musician, is not called composing, and a virtuoso who has put his name at the bottom of twenty pieces, nevertheless remains classified among the performers who do not compose.

This category of virtuosos, certainly very deserving, although they naturally come after the virtuoso composers, is quite numerous in France and tends to increase every day.

Shall I say it? I have for pianists who do not compose a very lively sympathy, shared, moreover, by the majority of musicians. Feeling that nature has refused them the creative gift, or wanting to wait for the moment to produce themselves as composers with all the desirable advantages, they frankly devote themselves fingers and soul to the service, not of a composer, not of a school, but of all the composers belonging to all the schools and whose works deserve to be heard. Without the pianists of this category, the works of the masters would die, so to speak, with them; for pianist composers are too absorbed in their individuality to ordinarily think of performing anything other than their own music.

The study of the works of all schools makes the pianist who is simply a performer more capable than the pianist who is a composer of understanding and appreciating the beauties of art, and his heart, well served by his fingers, is always prepared to receive the various impressions of musical feeling and to translate them.

Pianists who do not compose or who write little for their instrument, such as Planté, Delaborde, Ritter, Mortier de Fontaine, Diemer, Fissot, Mmes Pleyel, Schumann, Massart, Montigny-Remaury, Szarvady, etc., etc., are fulfilling their role in playing everyone's music; the pianist who composes for his instrument goes out of his role in performing the special piano productions of whoever. It is a sacrifice that he makes by diminishing himself by half in his own eyes. And such is his position in this case that he would necessarily suffer as a composer from the successes that he would obtain as a pianist by playing music rivaling his own. If he did not obtain success, he would triumph indirectly and by abstention as a composer, but he would fail as a pianist, and whatever may happen, he would leave in the arena a shred of his wounded self-esteem. As we can see, the role of the virtuoso composer is an essentially personal role, and it is quite impossible for it to be otherwise.

This is why I have for the virtuoso who does not compose a lively sympathy mixed with a sincere admiration.

It is to this valiant phalanx of performers that we owe in France, for some years now, the popularization of the piano works of all the classical masters. They have drawn with full hands from this immense treasure of inspirations bequeathed to the admiration of posterity by Sebastian and Friedemann Bach, Handel, Rameau, Haydn, Mozart, Beethoven, Mendelssohn, Weber, Hummel, etc., without disdaining for that the more modern works of Chopin, Thalberg, Prudent, Ferdinand Hiller, Rubinstein, Gottschalk, and so many other pianist composers who certainly have their merit.

But that is enough about this exquisite talent called Planté.

We have not yet said everything, because we cannot say everything.

Also, when it comes to an artist of the value of our great French pianist, ten notes played by him would say more than the most beautiful speeches in the world.

Just a few more words to make known, in closing, what perhaps we would have done better to say at the beginning of this biographical notice.

Biography

FRANCIS PLANTÉ was born in Orthez (Basses-Pyrénées), on 2 March 1839.

Child prodigies do not always become famous men, but it is rare that great artists,—composers and performers—have not been child prodigies. At the age of four, Planté began studying music, and at the age of seven, he made his debut in a major concert. It was at the Hôtel de Ville[5] in Paris, following a charity lottery. The child performed marvelously and the president, taking in his arms the one who was one day to fill the entire musical world with his fame, carried him to his mother, saying to her: *It is you, madam, who have won the most beautiful prize.*

Having entered the Conservatory in the class of Mr Marmontel, from which so many distinguished pianists and excellent musicians have emerged, Planté obtained, at the age of eleven, the first prize in piano by unanimous vote. The one who writes these lines attended this competition and he has not forgotten the effect produced on the public of the Conservatoire by the virtuosity of the little pianist phenomenon. Planté prevailed over competitors of eighteen to twenty years old.

It was a gift full of beautiful promises and one can say, without exaggeration, that Planté kept even more than he promised and more than anyone would have dared to hope. Continuing his studies at the Conservatoire, under the direction of the learned professor François Bazin, he won, unanimously, a prize for harmony.

His musical education brilliantly completed, our young artist had no more to ask for the perfection of his so precocious talent except in meditation, this austere and fortifying study of the soul. He left

---

5. City Hall

Paris, where for him everything was only celebrations, bravos, smiles and flowers, to go, a cenobite of art, to take refuge in the provinces, where he had the courage to remain ten years ignored by the world.

Such determinations are not common. They denote in those who take them the genius of the goal to be reached, the rarest of geniuses perhaps.

Then Planté traveled abroad.

His vigorously eclectic mind led him to reject all systematic schools in order to draw his final teachings from the universal school of beauty. He became friends with Thalberg, Liszt, Rubinstein and all the contemporary masters. Finally, seeing no doubt that he knew everything that could be learned and that he had guessed the rest, Planté returned to Paris.

His return to the musical world was an event, as we know.

As if he wanted to consecrate his talent by sanctifying it, the illustrious virtuoso made himself heard for the benefit of the orphans of war and the Alsatians-Lorrainers. He sang with the moving voice of his instrument sweet and indescribable melodies, where tears mingled with proud hope, where enthusiastic accents struck expiring notes.

Francis Planté is of average height and slender. His face is regular, his physiognomy soft, mobile, thoughtful. When he plays the piano, his whole being becomes spiritualized. We follow him with our eyes as much as with our ears, he seduces you with his person at the same time as he moves you with his performance. His speaking organ is as sweet as music, and if he were not a pianist, he could be a lecturer, so easy, measured, engaging and witty is his speech. He has the gift of repartee, and it is with an anecdote characteristic of his spirit that I wish to end.

Last year, Mr. Jules Simon, being Minister of Public Education and Fine Arts, expressed the desire to have the famous pianist at one of his official evenings. Great artists have their prizes like great doctors. The Minister inquired about Planté's prize, who replied:

— I will do myself the honor of playing at the Ministry of Fine Arts on the sole condition that the conversations will cease when I sit down at the piano. And I will not have played for nothing, he added laughing, because silence is golden.

I must say that, for Planté, silence is more than golden, because he would not play for a slice of California in any place where silence could not be established rigorously, absolutely.

Chopin, too, did not compromise with chatterboxes. He once dared to say to a great lady who was suffering from a bout of tongue itching:

— Don't listen to me, madam, but please allow me to hear myself.

It has been said that silence is the lesson of kings.

Silence is also the most precious homage that a well-mannered and well-behaved audience can pay to the artist by listening to him.

Indeed, is it not in some way dishonoring the talent of a virtuoso to speak, even in a low voice, while he is performing on his instrument or singing the work of a master?

Applaud the musician of merit, you will do well; listen to him silently, you will do even better.

Orfila,[6] who until his death and for nearly half a century had the most musical salon in Paris, had placed on a pedestal and in full view in the main room of his apartment, a statue of Harpocrates. The Egyptian god of silence was represented in a meditative attitude, holding a finger to his mouth. At the moment of beginning the concert, Orfila rose like an orator who wants to deliver a speech. All private conversations then ceased; but he did not speak and limited himself, with a severe gesture, to indicating the symbolic statue. The eyes of the audience were fixed on the image of the son of Isis and Osiris, and this significant gesture was worth more than a speech. The order thus given was always rigorously observed.

This respect for art and artists had the effect of increasing tenfold the talent of the virtuosos, who never sang or played better or as well as they did at Doctor Orfila's.

For artists, silence is required, as for noble gentlemen.

---

6. Mathieu Joseph Bonaventure Orfila (1787–1853), often called the "Father of Toxicology," was the first great nineteenth-century exponent of forensic medicine. He was a prominent member of the Parisian social and intellectual elite, and a regular host of salons in the 1820s and 1830s.

www.ingramcontent.com/pod-product-compliance
Lightning Source LLC
Chambersburg PA
CBHW060542080526
44586CB00012B/827